검은 모자에서 꺼낸 흰 나비처럼

서상민 시집

시인동네 시인선 174 서상민 시집

검은 모자에서 꺼낸 흰 나비처럼

시인동네

시인의 말

당신을 찾으러 길을 나섰다.
돌아올 것을 염두 해두지 못해 길을 잃었다.

2022년 5월
서상민

차례

시인의 말

제1부

운동장의 표정 · 13

목자는 외출 중 · 14

둥근 삼각형 · 16

사과와 식탁 · 18

마술사의 탄생 · 20

나비잠 · 22

오해 · 24

눈먼 사진사 · 26

배에 관한 몇 가지 오해 · 28

검은 모자에서 꺼낸 흰 나비처럼 · 30

별들의 무덤 · 32

폐타이어 · 34

죽은 새 · 36

랜섬웨어 · 38

느낌들 · 40

제2부

당신의 행방 · 43

저울 · 44

수평잡기 · 46

새가 운다 · 48

바닥 · 50

한낮의 광장에는 · 52

마흔 · 54

철새 · 56

못 · 58

단풍 나뭇잎 · 60

오래된 책 · 62

붉은 꽃 · 64

실어(失語) · 66

사람들 · 68

제3부

그녀라는 문명 · 71

혀의 방식 · 72

페이스북 · 74

오전 9시 · 76

토끼의 간 · 78

깨진 거울 · 80

시 요리 · 82

판테온 · 84

비포장도로 · 86

잠의 속도 · 87

낮, 숲 · 88

k의 공식 · 90

관계자 외 출입금지 · 92

들녘 · 94

제4부

풀 뿔 · 97

완성되지 못한 시 · 98

애월, 눈 내리는 · 100

아직 오지 않은 당신 · 102

툭툭 · 104

오줌을 누는 동안 · 106

그 후로 오랫동안 · 108

공부 안 하기 · 110

봄밤 · 112

모르는 사람 · 114

풀 뿔 2 · 116

신용카드 · 118

돈 벌 러 가 · 120

빗소리 · 122

해설 깨진 거울 속의 숭고함을 찾아서 · 123
    우대식(시인)

제1부

운동장의 표정

비가 내린다

어둠이 내리고

한 아이가 한 사내로 걸어가는 동안

보이지 않는 곳에서 눈물이 자란다

바람이 분다

먼지가 인다

운동장은 깊어지는 것이군

공은 찰 때마다 골대를 빗겨간다

공을 찾으러 그가 걷는다

비가 내린다

어둠이 내리고

공을 잃어버린 그는 돌아오지 않는다

빈 운동장에 남은 골대가 중얼거린다

이런 풍경을 어떤 슬픔이라고 부르긴 어렵고

슬픔은 구체적으로 얼굴을 가진 적 없다

비가 내린다

어둠이 내리고

이제 곧 운동장에도 어떤 표정이 생긴다

목자는 외출 중

양들은 잠들었다
다량의 수면제를 섞어 만든 사료는 안전하다
우리는 견고하고 잠은 깊고 감쪽같다

매일 밤 양을 센다
양은 언제나 아흔아홉 마리다
아무리 끌어 모아도 앞뒤가 뒤뚱거리는 신화처럼
늘 양 한 마리가 부족하다

아이들이 모여 담배를 핀다 양은 어디 가고 없다 바닥에 뱉어놓은 침이 따듯한 양털을 닮았다 슬리퍼로 양털을 짓밟는다 목자 잃은 양은 어디로 갔나?

달의 심장 속으로 바람이 샌다 빛을 타고 번지는 양 울음소리, 구름이 부푼다 손과 발이 뭉툭해지고 얼굴이 유순해진다

매일 밤 양을 찾으러 간다
양은 어디로 갔나?

이 도시 어디쯤에서 숫자 하나를 잃어버렸다

어젯밤 강변에서 울고 있는 양을 찾았다
양의 젖은 눈을 바라보며 미소 짓는다

백 번째 양으로 세계는 완성되고

잠자러 가기 전 목자는 양 한 마리를 우리 밖에 내놓는다

양은 길을 잃어버리는 법을 모른다
내일 밤 양을 찾으러 간다

둥근 삼각형

개구리 울음소리는 삼각형이다
허공의 한 소실점을 향해
일제히 날아오르는 뾰족한 울음이
와르르 쏟아져
둥글게 들릴 뿐이다
개구리 울음을 둥글다 생각하는 건
위험한 일이다 조심해
둥근 칼날에 불면이 베일 수 있다

개구리 울음 같은 환약을 먹은 적 있다
목구멍 가득 차오르는 신열이
환삼덩굴을 깨우는 들판이다
행복이란 손끝에 당신을 묻히거나
나를 더는 일
각진 달들이 퍼즐처럼 끼워져
둥글게 떴다

저 여자의 둥근 배를 봐

뿔룩거리는 손과 발
예각의 울음이 뛰쳐나올지 모른다

세상에 모서리를 내준 저 늙은 등을 봐
갓난아기의 울음소리가 떨어질 기미가 없다

묏등에 핀 꽃 같다

사과와 식탁

새가 식탁 위에 앉아 있다
다문 부리에서 파란(波瀾)이 흐르는
쭈글쭈글해지고 거뭇한 새가
있었다는 색을 지우면
공중이 된다

식탁 위에 사과가 놓여 있다
어두운 뿌리를 격발시켜 하늘이 되는 나무와 숲
바람을 피력(披瀝)하는 새가 날아와
사과를 쪼아 먹는다
목질의 무늬가 굽이쳐 솟는
반질반질한 표면 위로
수만 세기의 별들이 돋아 사라지는 식탁
사막의 모래는 바다로 변하고
식탁 위에서 사과가 날개를 편다

사과 위에 식탁이 놓여 있다
식탁이 사과를 으깨지 않는 것은

깊은 수심 때문
어디선가 망각의 지느러미를 펼쳐
새가 날아오기 때문

식탁이 사과의 문을 연다
사과가 새를 몸 안으로 품는다
사과 속 씨방에 까만 부리들이 눈 뜨고
식탁이 사과나무로 자란다
새가 주렁주렁 달린다

마술사의 탄생

 사람은 자기 이름을 갖고 태어난대. 맨 처음 세상에 올 때 울음소리가 자기 이름을 부르는 거래. 백화점이나 아울렛 선반에 웅크린 검은 모자들처럼 울음 속에는 바코드가 찍혀 있대. 바코드에는 푸른 녹이 핀 옛 지도들과 살아가야 할 날들의 온갖 예언들이 촘촘히 새겨져 있대. 부모가 울음소리를 듣고 어떤 신비한 힘에 이끌려 이름을 짓게 되는 거래.

 유난히 울음소리가 작아 그게 혼잣말인지 휘파람인지 혹은 거짓을 진실로 바꾸는 세상 밖의 말들인지 구별이 안 가는 경우가 있대. 제아무리 쫑긋 귀를 세워도 요지부동의 어둠일 뿐, 이름은 들리지 않고, 그만 당황한 나머지 탯줄 자르는 것도 잊어버린 채 잘못된 이름을 붙이게 된대. 그런 아이가 자라서 마술사가 되는 거래.

 마술사의 주문은 어긋난 운명을 되돌리기 위한 슬픈 노래래. 검은 모자에서 흰 토끼를 꺼내거나, 손수건에서 붉은 장미를 피워내는 건 거짓으로 얼룩진 저주를 풀기 위한 몸부림 같은 거래. 그런데 사람들은 마술사의 주문을 거짓이라 믿는

대. 거짓과 진실의 경계에서, 단 하나의 거짓말을 완성하기 위해 마술사는 일생을 바치게 되는 거래.

사람들 눈에는 보이지 않지만 마술사는 아직도 떨어지지 않은 탯줄을 검은 망토 속에 감추고 있대. 탯줄을 타고 몸 밖으로 똑똑 피가 빠져나가 얼굴이 늘 창백한 거래. 마술사의 피를 머금고 탯줄은 무럭무럭 자란대. 그렇게 자라서 구름을 뚫고 뭉게뭉게 하늘에 닿는 날, 마술사는 탯줄을 타고 슬프고 아름다운 지상에서 증발해 버린대.

　마술사의 입꼬리 같은,
　그믐달이 붉게 피를 토하는 밤,
　그런 밤,
　세상 어딘가에서 일생일대의 주문을 완성한 마술사가 다시 태어나는 거래.

나비잠

> 우리가 그토록 아름다움을 숭배하는 것은
> 아름다움이 우리를 멸시하기 때문이다.
> ―라이너 마리아 릴케, 「두이노의 비가」 중에서

당신의 일요일이 불안한 건
꽃이 아름답기 때문이에요
꽃에는 별다른 뜻이 없고
향기는 맥주 한 캔을 따기에 적당합니다

애인이 유리컵에 꽂아놓은 꽃에는
뿌리가 없군요
벌써 물빛이 갈색으로 변해갑니다
당신은 뿌리를 만드느라 지쳤군요

나른한 오후의 잠에는 책임이 없습니다
거울처럼 엉킨 비를 피해 방으로 들어온 나비가
말린 혀를 돌돌 뽑아
한나절 꽃을 빨고 있군요
당신의 요일들엔 다량의 진통제가 필요합니다

거리에선 공사가 한창입니다
인부들이 지나간 자리에는 새 보도블록이 깔리고
꽃무늬 거리 위로 사람들이 지나가는군요
뿌리 없이도 꽃은 쉽게 지지 않을 겁니다

잠들었군요
거친 숨을 몰아쉬며 양손을 치켜드느라
당신은 참 많은 최선을 소비했군요

만세와 항복의 자세는 늘 닮았습니다

오해

너는 내가 쓰는 편지
우체통이 없는 공중 위를 팽팽히 내달리는 외줄
나는 쓴다

난독의 계절을 앓는 대기와 바람
위태로운 빛의 각 끝에서
첫 망울 터트린 배롱나무 꽃잎 사이로
맨발을 옮기는 나비의 가쁜 숨결
상처 난 제 발등을 핥는 마노색 고양이
경계의 눈길 위를
나는 흔들린다

양팔을 벌려 놓친 수평이
발바닥에서 전율하는 수취 불명의 밤들
자고 나면 수북해지는 구겨진 활자들

줄 위를 지나는 흔들리는 노래
두려움 속에 보이는 것들이 피어난다

꽃피지 마시길
꽃피지 마시길
그건 세계의 종말

추락한다
곧 닿게 될 황홀한 소용돌이
나선의 긴 회랑을 돌아
나는 증발한다

눈먼 사진사

목마르지 않으면 사막은 없을 테지
한 번의 지저귐이 숲을 넘치게 하고
단 한 번의 빗소리가
괄호 안에 묶인 풍경의 매듭을 풀지

지난여름 그가 찍어준 내 얼굴에는
등 뒤의 바람이 인화되고
닫아버린 동공 속에서 눈 뜨는 귀귀들

내가 서 있는 흐린 배후
빛의 각도는 늘 변화무쌍하고
풍경의 완성은 오해라고
눈먼 사진사는 말했지
그의 손가락이 내 얼굴을 더듬었고
우리는 이 별에서의 혼돈에 대해 얘기했지

그건 서터가 딸칵 피사체를 깨우는 소리
멈춰 있던 것들이 파도치기 시작할 때

눈은 조금씩 투명해지기 시작했고
손가락들이 몰라보게 무럭무럭 자랐지

그건 너무 뻔한 각도야

흐릿한 풍경들이 예민해지고
우리가 간신히 소멸을 결심하기 시작할 때
한 켜씩 벗겨지는 괄호 속에 묶인 날들이
빽빽하게 목젖을 적셔오고 있잖니

배에 관한 몇 가지 오해

배를 생각하느라 배를 먹지 못한다

먹어보지 못한 배를 생각하느라
며칠의 깊은 밤이 멍들고 생각이 곯는다

껍질을 이해하는 건 곤란한 일이야

먹어보지 못한 배를 먹어보려고
배를 벗긴다
껍질이 둥글게 깎이다가
서툰 칼질에 자주 끊긴다

배는 달콤하고
이건 아주 난처한 일이군
다 먹은 배 속에는
까만 가능성이 있군

배를 먹느라 배를 생각할 수 없다

애초에 배는 먹는 것이 아닐지도 모른다
공처럼 높이 던졌다 받았다 반복해 본다
올라타 본다
공중으로 솟구쳤다 떨어져 껍질이 찢어지고
틈새로 보이는 속살
올라타는 건 위험한 일이군

배는 공도 배도 아닐지도 모른다
먼 별에서 추방당한 우주일까

배를 던져 봐도 타 봐도
배는 배 안에 없는 듯하고

배 밖으로 나간다

검은 모자에서 꺼낸 흰 나비처럼

길고 흰 손
그 손가락으로 검은 모자에서 꺼낸 흰 나비처럼
암막의 무대 위를 날아다니다
한순간 흔적 없이 사라지는 나비처럼
잘못 든 길에서 마주친
우연한 나비처럼

비상에는 이유가 없고
심장에는 향방이 없네

양들의 입술 위에 얹힌 나비처럼
믿고 싶은 거짓말처럼
검은 심장에 피가 도네
가면을 쓴 마술사의 눈을 피할 수 없네

눈이 내리네
눈썹 위에 내려앉은 나비가
주르륵 눈물로 흩어지네

단 하나의 주문을 완성하기 위해
자신을 버린 마술사처럼
거짓말을 믿기 위해
날개를 다친 나비처럼

공연이 끝나고
마술사가 떠나네
흰 박수 소리 등 뒤에 파닥이네
죽은 나비들이 테이블 위에 쌓이네

별들의 무덤
― 세월호

 열쇠를 찾는 중이었죠 장미꽃 그늘에는 무수한 가시들이 쌓여 있었죠 쓰린 피부를 뚫고 온몸으로 두드러기들이 번지고 있었죠 손톱 사이에 핏물이 흥건하도록 가려움을 파냈죠 피 먹은 별빛이 가시들을 더듬고 있었죠

 웰다잉이라 쓰인 플래카드가 흔들려요 웰다잉을 되뇌며 골몰하고 있어요 소리 내어 읽어봐요 창밖 아파트에 수직과 수평으로 가지런히 배열된 무표정한 아래윗집들이 불을 켰다가 꺼요 문 밖에선 별들이 자기 이름을 부르다 지친 새벽이 와요

 돌 맞은 표정이 일그러져요 물의 전신이 꿈틀거려요 미꾸라지 담긴 양동이에 소금 몇 주먹 뿌려요 엎어지고 자빠지고 뒤틀리며 치솟는 시간들 위로 뚜껑을 덮어요 양철지붕 위로 미꾸라지 닮은 빗줄기가 쏟아져요 돌을 삼킨 물은 아무 일 없었다는 듯 잔잔해져요 별의 검은 노래들이 바다에 가득해요

 한 무더기 별을 실은 배가 바다에 가라앉은 날로부터 캄캄한 갯벌에서는 별의 잔해들이 구전되고 있어요 목젖을 삼킨

조개들은 입을 굳게 다물고 금지된 우리의 휴식이 파도 위를 떠다녀요

폐타이어

타이어들이 이차선 도로 커브에 엇물려 쌓여 있다
불패의 스크럼을 짠 검은 담 같다
타이어 이빨들은 닳아 없어졌다
땡볕 아래
검은 잇몸이 악취를 뿜어낸다
달리지 못하고 엉겨 붙어 있다
서로가 서로의 속도를
옴짝달싹 못하게 붙들고 있다
오른쪽에서 보니 왼쪽으로 무너지고 있다
왼쪽에서 보니 오른쪽으로 무너지고 있다
뒤틀린 틈 사이로
내부에 고인 어둠이 보인다
검은 담 너머에는 노란 귤밭이 없다
귤밭 너머에는 바다가 없다
급브레이크가 물고 간 아스팔트
선명한 이빨 자국에는
파리 떼가 부글거린다
머리카락이 길 한 편에 치워져 있다

납작한 몸이 길이 되고 있다
사선의 수평선 밑으로 침몰하고 있다

죽은 새

나무 위에 가는 발을 벗어놓은 새는
옳고 슬프다

신발은 떠나지 못한 길을 잃고
부리를 다친 소주병에 종이컵이 덮여 있다
빈병 가득 찬 공중으로
사막을 건너온 낙타의 눈 같은
별이 진다
젖은 공중을 마신 푸른 발이 시리다

골목길 전봇대에 전단지가 찢겨
없다
전깃줄에 앉아 있는 새들이 너무
없다
아이들이 그려놓은 담벼락의 새는
지워지지 않는다
비의 깃털들이 벽 위에서 말라간다
모퉁이를 돌아서자 바다는 가고 없다

이른 눈이 한 점 한 점 바다 위로
발 없는 무게를 지운다
파도의 갈피마다 새는 거품으로 난다
몸이 점점 투명해지고

새는 발을 지워
불패의 내부로 간다

랜섬웨어

우리는 낯선 동네에서 길을 잃었다
무너진 집들 사이로 철조망이 보이는 곳
함부로 털이 자란 개들이 먼지를 뒤집어쓰고 몰려다니는 곳
탕탕 허공을 못질하는 총소리가 아득했다
하오의 태양 빛에 스며든 녹슨 철 대문들과
이름을 알아볼 수 없는 명패들이 묘비처럼 늘어서 있었다
언젠가 한번쯤 왔던 것도 같은 어떤 영화의 장면에서처럼
지나간 곳을 지나가고 돌아온 곳을 돌아왔다
공중을 선회하는 까마귀들이 따라다녔다
지키고 싶지 않지만 모두가 지켜야 하는 규칙 같은 건 없었고
웃음소리는 경쾌하게 마을을 떠돌았다
깊고 어두운 골목을 빠져나가자
낮은 언덕 위에 색바랜 의자 몇 개가 놓여 있었다
막연한 두려움의 채취를 느끼며
멀리 겹겹의 산들과 강 위로 쌓이는
비밀스런 정적을 바라보았다

길을 잃었지만 길을 찾지 않았다
길가에 핀 꽃들이 굳이 아름답다 말하지 않았고
이제껏 마주친 사람이 없었다는 사실을 알았지만
돌연 낯선 동네에서 헤매는 일이 즐거웠다

오후 여섯 시를 넘기자
산들이 소거되고 강물이 삭제되기 시작했다
찰랑이는 저수지 수면에서 어둠이 달빛에 번지고
사월의 변방에서, 우리는 서로의 깊은 눈을 바라보며
백악기와 천왕성 사이 그 어디쯤에서 울고 있을
공룡을 생각했다
울음소리가 어두운 밤하늘에 길게 울려 퍼질 때
그 소리가 누군가에게 배운 적 없고
태어나면서 세상에 내민 최초의 인사라는 걸
기억하고 있는 사람에 대해 얘기했다
사방이 열려 있었지만 죄다 막다른 길이었고
길을 찾을 수 없는 우리에게
공룡을 되살릴 방법은 없었다

느낌들

책상에 엎드려
한쪽 귀를 대고 눈을 감으면
웅웅웅웅 아주 먼 곳으로부터 들려오는
휘발유 같은

내 것이 아닌 것을
내 것이라 부르고 싶은 저녁

철 지난 외투 호주머니에서 떨어지는
몇 알의 졸피뎀

어두운 복도 위를 스르르
식은 피가 빠져나가고
사월 거리에 떠도는 꽃잎들
눈부신 헛것들

아주 멀리서 오는
유령 같은

제2부

당신의 행방

당신을 찾으러 길을 나섰다
돌아올 것을 염두에 두지 못해
길을 잃었다

허기처럼 빛나는 이팝나무 꽃잎과
옷소매에 묻어온 수크령들과
눈 덮인 벤치에 앉아
잠시 울었다

당신은 더 이상 할 말이 없다 했고
나는 꼭 한마디 할 말이 남았지만

늘 처음과 끝의 중간쯤에 나는 서 있었고
돌아와
그곳에 두고 온 신발을 생각했다

저울

시도 때도 없이 아내는 저울에 올라선다
힘을 주어 홀쭉하게 아랫배를 집어넣어 보지만
저울은 섣부른 기대를 용서하지 않는다

딸아이는 저울에 올라서기를 망설인다
깊게 호흡을 뱉고 저울에 올라서지만
저울은 호흡의 무게를 모른다

잔뜩 밥을 먹고 아들이 저울에 올라선다
사랑하는 여자가 있는 눈치다

아무도 없는 밤이면 나는
저울에 올라서서
본
다
형광등에 비친 그림자의 무게가
저울 위에서 잠시 깜박인다

어젯밤 뱉어버린
자책의 말들은 얼마만큼의 무게인가

반성이 무서운 나를
반성을 모르는 저울이 주눅 들게 한다
저울의 눈치를 봐야 하는
가난한 나는 더욱 뚱뚱해진다

나는 내가 누구인지 묻는데
저울은 숫자만을 내보인다

숫자가 나의 문장이 된다
나의 문장이 무릎을 꿇는다

눈 떠서 감을 때까지 나를 폭식하는
이 잔혹한 무게를 언제 내다 버리나

수평잡기

이사한 다음날
삐걱거리는 장롱의 수평을 잡기 위해
굄 만한 것을 가져오라 시켰다
딸아이는 표지가 너덜거리는
시집 두 권을 가져왔다
열한 번의 이사와
어느 날의 화재에도 살아남아
책꽂이 후미진 곳에 처박혀 있던 시집을
용케 찾아왔다
주름이 이마가 되고
물 자국이 무릎을 파먹은
어두운 안색의 시집에는
젊은 날의 소인 같은 곰팡이가 슬었고
빼꼭히 써놓은 다짐들은 먼 세월을 다해
당도한 편지 같았다
마음에 없는 여자에게 아름답다 말할 수 있고
비겁한 손을 아무 데서나 불쑥 내미는 나이에
무릎을 꿇고 이마에 뻘뻘 땀 흘리면서

어긋난 장롱 다리 밑으로
시집 두 권을 우겨 넣었다
이사한 다음날
난데없이 끌려 나온 두 권의 시집이
기울어가는 살림을 받쳐주었다

새가 울다

새가 운다
우는 소리를 듣는다
새는 울지 않는다
울지 않는 소리를 듣는다
울음과 울음 사이
나무가 걷는다
산이 흐른다
나뭇잎과 나뭇잎 사이
눈먼 여백 속으로
새 울음소리 쏟아진다
보이지 않던 하늘이
푸르고 높다

소리와 소리 사이의 침묵을
처음으로 들은 사람의 정체를
굳이 알 필요는 없다
우는 소리도
울지 않는 소리도

길이다

길 끝에는
풀리지 않던
내력들이 모여 있다

나무가 걷는다
산이 흐른다

침묵과 침묵 사이
새가 운다
멈춘 울음 사이
새 한 마리 날아간다

바닥

바닥 바닥 소리 내 봐
반쯤 열린 입술이 바싹 타들어 가지 않니?
다시 한 번 바닥 바닥 되뇌어 봐
참 많은 혓바닥이 바위를 후려치는 바닷가
갯벌에 버려진 목선의 후미가 떠오를 거야
바닥 바닥 바닥이라고 한 백번쯤 써 봐
네가 써놓은 바닥들이
바닥에서 파닥거리는 물고기 떼로 변할 거야
이제 바닥을 알겠니?
바닥을 치고 튀어 오르는 고무공 같은 걸 상상했다면
넌 아직 바닥에서 먼 거야
바닥을 딱딱하다고 생각하는 건
벽과 냉골을 떠돌던 사내들의 괴소문 같은 거거든
뭐가 뭔지 모르겠니?
온통 불안하니?
그럼 준비된 거야
고개를 들어 봐
모든 걸 바닥이게 한 유일한 바닥이 보이니?

바닥은 뻥 뚫린 동공이야
밑 빠진 하늘이야
때마침 바닥에서 비가 솟구치는구나!
너도 곧 바닥에서 타오르는
눈을 보게 될 거야
넌 바닥에 서 있는 게 아니라 매달린 거야
준비됐니?
손을 떼
이제 날 수 있을 거야

한낮의 광장에는

혼자인 남자가 있고
귀를 틀어막고 음악을 듣는 여자가 있고
한낮의 광장에는 아이스크림을 파는 상인과
풍선을 든 아이와
누구라도 사라지기 좋은 형식을 가졌다

자전거를 탄 남자가 지나가고
부모 손을 버린 소년이 지나가고
노인이 노인의 등을 업고 지나가고
광장은 지나가기 좋은 형식을 가졌다

광장에 내리는 눈은 어색하지 않고
흘깃 광장 밖을 엿보다 안으로 되돌아오는
분수는 어색하지 않고
광장 바닥을 집어먹는 비둘기들
그 위로 흩어지는 사이렌 소리
모든 것이 어색하지 않은 광장이 어색하다

광장의 바람은 한쪽으로 몰려다니고
누군가 메가폰을 잡고 소리치고 있다
소리치는 것은 광장의 방식을 어기는
광장다운 방식이다

광장이라는 단어는 울퉁불퉁 씁쓸하고
광장이라는 단어를 소리 낼 때마다
한낮의 광장은 우글우글 비어 있다

비 오는 날
광장을 걸어가는 낙타를 보았다

마흔

비 온 뒤
보도블록에서 길 잃은 히브리어를 보았다
모든 움직임이 빠져나간
선홍빛 암호를 해독할 수 없었다
발끝으로 건드려 보니 슬픔슬픔슬픔
전신이 비비 꼬였다
어디가 머린지
경전인지 읽을 수 없었고
몸을 웅크렸다 폭발시켜
어디로 가고 있었는지 주석이 달리지 않았다
기어온 자국을 바닥이 먹어버려
흔적이 지워졌다
앞으로도
독백으로도
돌아가기는 멀어 보였다
난해한 바람이 불기 시작하는 사월이었고
나뭇가지들이 게거품 같은 싹을 토하고 있었다
붉은 속도로 돌아가는 태양에

피부가 꾸들꾸들 말라갔다
순식간에 달라붙은 개미 떼가
온몸을 까맣게 해석하고 있었다
꿈틀거리는 문장이
오후 두 시의 세상을
불 지르고 있었다

철새

언제부턴가
그녀가 사랑한다고 말할 때
그 말이 내겐 불안하다는 말로 들린다

철이 바뀌어도 날아갈 곳을 찾지 못한
그녀는
젖은 날개로 내게 돌아온다

흐트러진 제 깃을 쪼는 왜가리처럼
그녀는
눈이 붉어져 가고

그녀가 불안하다고 말할 때
나는
서둘러 창을 닫는다

그녀가 사랑하는 건
모르는 것에 대한 황홀한 오해였으니

또 다른 사랑을 찾아 휘휘 날아갈 그녀를
어느 붉은 꽃사태 그늘 아래서
거둘까 두렵다

새 그림자 멀어져 가는 강 끝에
가닿은 하늘

못

살과 뼈를 태웠다
발바닥에 박힌 못이 태워지질 않았다
임진강 물결에 아버지를 보내고 왔다

오후 다섯 시의 태양이 풍화하는 빈방에는
오후 다섯 시의 기울기가 산다
빛 속으로 모여드는 먼지들은
빈방의 기울기를 이해한다

열여덟 아버지는 목수였다
톱과 대패와 망치로 지은 집이
아버지의 기운 연대다
나무에 이는 목질의 바람을 대패로 밀었다
수심이 읽히지 않는 나이테에 못을 박았다
발바닥에 못이 언제 박혔는지 우리는 알지 못했다
흔들리는 땅 위에 선 아버지는 힘을 다해
중심을 버티려 했으리라
발의 통증이 퇴적된 방에는

연백에 두고 온 가족의
흑백사진 한 장이 걸려 있었다

아버지는 아버지의 영토로 갔을까

걷는다는 건 발을 저는 일
발바닥에서 오후 다섯 시의 못이 빠져나와
긴 등뼈로 눕는다

단풍 나뭇잎

단풍나무 가지 끝
반쯤 주먹 쥔 나뭇잎이 부르르 떨립니다
초록을 갉아먹던
벌레들 사라지고
구멍 뚫린 황갈색 잎새 위로
늦가을 햇살이 바늘처럼 꽂혀 내립니다
손등에 돋아난 혈관 같은
바람을 견뎌온 잎맥들은 피가 멎었습니다
부서질 것 같은 잎을 만져봅니다
메마른 체온 속에는
떨쳐버리지 못한 이름들이 남아 있습니다

뜨거움과 차가움의 경계에서 불어오는
마지막 바람 앞에서
아버지의 알몸이 눈을 깜빡입니다

떨어져야 할 저 잎
떨어지지 않으려 합니다

떨어져서는 안 될 저 잎
떨어지려고 합니다

준비하지 못한
눈이 내립니다

오래된 책

짐을 정리하는데
오래된 책이 눈 속으로 걸어왔다
더께가 쌓인 겉표지를 후후 불어 털어냈다
스물두 살 때 읽다가 버려둔 책이었다
물인가 눈물인가
얼룩진 곳이 흉터처럼 딱딱했다
책 한 귀퉁이에 오후 두 시 종로서적이라 쓰여 있었다
비가 왔던가
바람이 불었던가
한 여자를 만났고 헤어졌다
잡지 못했다

앞이 기억나지 않는 책을 중간부터 읽었다
읽는 내내 앞이 궁금했으나 돌아가지 않았다
활자들이 흉터의 문을 열고 밀려왔지만
슬퍼하지 않았다
슬퍼하지 않는 것이
슬픔의 한 방식이라 생각했다

마지막 페이지를 덮고 나는
밤새 길 없는 길을 더듬어
오후 두 시의 종로서적으로 가는 중이었다

붉은 꽃

붉은 꽃은 붉은색을 싫어한대요
붉은 게 싫어서 붉대요

다른 색들은 자궁 깊숙이 간직하고
쓸모없는 색을 버림으로써 붉은
붉은 꽃

그러니
붉은 꽃을 보거든
붉다고 말하지 마세요
꽃 뒤에 숨겨진
불안의 이름을 호명하세요

증오를 밀어 올린 꽃이
뙤약볕 밑에서 참회하고 있군요
없는 색들의 향기가
뜰 가득 코를 찌르고
한낮 행인의 눈길을 다 버틴 꽃잎들이

주저 없이 지고 있군요

치욕으로 아름다운
붉은 꽃이 뚝뚝
소문을 떠나고 있어요

붉은 꽃은 붉은 꽃이래요
이제는 붉게 필래요

실어(失語)

혀가 혀를 배반하고
자결한 헛바닥들이 시든 피로 무성해진다
나는 지난 말들과 화해하지 못하고
매번 혀의 마수에 걸려 희박해진다
그때의 내 표정은 어떤 것이었을까
거울 앞에서 가장 험상궂은 표정을 노력해본다
그럴수록 나는 점점 더 모호해지고
두 개의 달이 뜨는 저녁처럼
애초에 하고 싶지 않은 말이 있었다
태어나면서 거품이 되는 말
뱉는 순간 죄가 되는 말
진창에 붙은 나비의 말
감옥에 투옥된 말들이 중얼거린다
중얼중얼거리다 기어코 고립되어가는
알 수 있는 거짓과
알 수 없는 진실
문장 앞에는 철조망이 쳐 있다
주먹으로 내려친 문장

사방으로 침 튀기는 문장
벌겋게 녹슬어 무릎 꺾인 문장
문장과 문장이 맺은 관계는 위험하고
말에는 어떠한 인과관계도 없다
마침내 내 모든 말은 실패했다

사람들

비 오는 날이면 나는 나를 외면하고 나갑니다. 혼자 남은 나를 버려두고 혼자가 됩니다. 방 안에 혼자 남은 나의 눈은 비어 있고, 텅텅 빈 나는 지금쯤 무엇을 하고 있을까요. 그럴 때의 거리는 바람이 세고, 맨 처음 불기 시작한 바람을 본 적 없으므로 마지막 나를 생각할 수 없습니다. 나는 마지막이란 말을 되새길 때마다 처음이라는 근거 없는 말을 떠올리고, 내가 알고 싶던 혹은 알고자 했던 최초의 나는 빗물에 젖은 책장처럼 넘기기 어렵습니다.

우산을 받쳐 든 사람들의 젖은 발목으로 혼자 비 맞고 있을 방 안의 나는 어떤 생각에 골몰하고 있을까요? 보도블록 위에 또박또박 비를 받아 적는 사람들의 발자국은 흐리고, 흐린 등으로 돌아온 나의 방 안에는 내가 없으므로 나는 나를 무엇이라고 불러야 할지 고민입니다. 새벽 두 시의 불면이 책장 위에서 뒤척입니다. 뒤척이는 것의 자세는 오래전 듣던 음악 같습니다.

내 방 안에 무수한 사람들

제3부

그녀라는 문명

　매일 그녀는 내게 전화한다 문자를 보낸다 그녀의 목소리는 상냥하고 화를 내는 법이 없다 화내지 않고 나를 닦달하는 방법을 안다 나는 항상 놀란다 주눅 든다 내가 변기에 쭈그리고 앉아 있을 때도 낮술에 취해 비틀거릴 때도 다른 여자와 사랑을 나눌 때도 그녀는 나를 수소문한다 나는 어김없이 발각된다 그녀가 나를 언제부터 알게 됐는지 알 수 없다 그녀는 도처에 도사리고 나를 응시한다 나는 그녀를 발견하지 못한다 그녀는 늘 나를 축하해준다 고마워한다 사랑한다 말한다 끝없이 무언가를 선물한다 나는 냉담하다 그녀의 전화를 받지 않는다 그녀의 문자를 확인하지 않는다 그러는 사이 그녀는 나의 눈을 누설하고 나의 뇌를 분해한다 나는 늘 들킨다 그녀의 예민한 촉수는 실패하는 법이 없다 그녀가 나를 얼마만큼 알고 있는지 모른다 그녀는 내가 잊어버린 과거까지 알고 있다 내가 알 수 없는 미래까지 알고 있을지 모른다 내가 누구인지 그녀에게 묻고 싶다 하마터면 그녀를 사랑할 뻔했다 나의 방심이 나를 분류하는 동안 무성해진 그녀는 도대체 누구인가

혀의 방식

입속에
혀는
방아쇠

격발된 말이
목젖을 지나 뼈를 돌아
시시비비 낮과 밤 갈증을 넘어
마른 혈관에 불꽃으로 타올라
일 톤의 폭약이 매설된 심장에서 꽝
손끝 발끝 모든 말단으로
독처럼 갈라지는 불길

한때는 혀에 혀를 더해
맹목을 나누던 사랑이었으나
그것은 편애를 향한 간단없는 전쟁이었으니

입속에 혀는
외부로 드러난 내부의 칼

입을 이탈한 난폭한 혀가
요지부동한 왕조의 지붕을 태우고
혁명의 목을 치고
자결한 혀들이 쌓여가는 불타는 성전

혀에 고인 침을 뱉어내자
석편에 새겨진 죄의 목록들이 창궐하고

입속에
혀는
누대에 걸쳐 진화한
죄와 벌

페이스북

　얼굴을 찾아다닌 겁니다 버스정류장에서 지하철의 소란 속에서 벽과 벽 사이에서 쓰레기통에 버려진 얼굴을 닥치는 대로 주워 호주머니와 배낭에 쑤셔 담는 겁니다 얼굴은 무게랄 것도 없이 가벼운 겁니다 반쯤은 서랍 속에 넣어두고 나머지는 방바닥에 펼쳐놓는 겁니다 딱히 얼굴다운 얼굴이 없으니 맘에 드는 얼굴을 찾지 못한 겁니다 큰 눈과 오뚝한 코를 오려 희고 갸름한 얼굴에 붙이는 겁니다 하나의 얼굴에 여러 개의 얼굴을 포개는 겁니다 조각조각 찢어 모자이크를 하는 겁니다 웃는 얼굴과 우는 얼굴을 섞으면 인도적인 얼굴이 되는 겁니다 정교하게 수선한 얼굴은 미소가 부드러운 겁니다 얼굴 하나가 걸어갑니다 꿰맨 자국이 아물지 않은 하수는 대책 없이 정체가 발각되는 겁니다 백 개의 얼굴은 백 개의 밤에 어울리고 오늘의 얼굴은 어제의 얼굴을 외면하고 바람이 불면 순식간에 펄럭이는 웃음의 갈피에서 수상한 표정이 지나가는 겁니다 얼굴에서 빠져나온 눈알들이 거리에 몰려다니는 겁니다 꼬리 없는 개가 얼굴 하나를 물고 뚜벅뚜벅 걸어가는 겁니다 쥐들이 서랍 속에 넣어둔 얼굴을 갉아대는 예민한 밤인 겁니다 얼굴을 뒤집어쓴 고양이들의 교성 소리에 애써 완성한 얼굴들이 금 가는 겁니다 어떤 얼굴로 잠들었는지 기억나지 않는 꿈속에서는 목 없는 얼굴이 콧노랠 부르는 겁니다 하나의 얼굴을 버리고 나야 여러 개의 얼굴을 갖게 되는 겁니다

오전 9시

무수한 오전 9시와
별반 다를 것 없는 오전 9시였다
지하로 내려가는 계단에서
무수한 오전 9시의 발자국들과
별반 다를 것 없는 오전 9시의 여자가
손에 움켜쥔
십여 개의 동전을 떨어뜨렸다
쨍
계단으로 흩어지는 푸른 오전 9시의 태양에
전신이 노출된 동전들이
발자국보다 빠르게
지하로 쏟아지고 있었다
충혈된 눈알들이 뒤엉켜 공중에 떠다녔다
수습되지 못한 딱딱한 귀들이 계단 위로 굴러갔다
오전 9시의 화면이 치직거리고
오전 9시의 균열 속으로
변기를 빠져나가는 물처럼
모든 소음이

일시에 사라져버렸다

정지된 오전 9시의 화면 속에는
낯선 정적 하나가
버퍼링 되고 있었다

토끼의 간

토끼가 간을 말립니다
언제부터 왜 간을 말리게 됐는지 알 수 없습니다
문헌에 따르면
새의 깃털에서 문자를 꺼내기 전부터
낯선 곳의 지도를 읽기 위해 길을 헤매는 토끼는
간을 말린다고 합니다
가장 더러움과 가까운 파멸을 가득 품은
백색의 토끼가 간을 말립니다

간혹 책갈피 속이거나
쓰레기 더미 사이에서
채 마르지 못한 간을 발견하기도 하고
모자 속에 살고 있는 토끼를,
심해의 어둠 속에서
웅크려 턱을 괸 토끼를 볼 때도 있습니다

모르는 곳의 지도란
지나치게 밝거나 지나치게 어두워서 맨눈에 보이지 않습니

다
　사금파리 같은 무당의 주술로 한 장의 지도가 완성됩니다
　일체의 기억이 지워진 붉은 눈으로
　토끼 한 마리 웅크려 있습니다
　암호처럼 내놓은 까맣고 동그란 배설물이
　사각의 우리 안에 흩어져 있습니다

깨진 거울

깨진 거울 속에서
우는 사내가 말을 거네
그 말이 간지러워 낄낄거리는 사내가
울고 있는 사내에게 웃지 말라 화를 내네
등이 가려운 사내는
여자인 것도 같고 웃는 것도 같고
말 상대를 잃은 거울 안에는 내가 없네

내 안에 거울이 우글거려
거울 안에 거울은 비좁고
거울 안에 거울은 견고하고
음악을 듣던 남자의
덥수룩한 머리칼 밑에
눈동자가 수많네

깨진 거울과 깨지지 않는 거울 사이에는 거울이 많네
거울 속에는 금 간 책상들이 오래되고
금 간 책상들을 바라보는 눈동자 깨진 사내가

모서리처럼 차갑네

깨진 거울이 깨지지 않은 거울이 될 때까지 거짓말이 필요하네
거울의 위중이 필요하네
그의 거짓말이 책상의 거짓말과 다르네

시 요리

지난여름 웃자란 생각들과
지하철에서 마주친 여자의 빈 눈빛과
바다에서 막 잡아 올린 등 푸른 가난을 준비해요
눈에 닿지 않는 곳에 엎드린 노숙을
따뜻한 물로 닦아내고
새벽의 푸른 향을 프라이팬에 둘러
나만의 재료들을 올려놓는 거죠
오랜 시간 간수를 뺀 눈물 몇 방울
뿌리가 싱싱한 슬픔을 큼직큼직 썰어 넣고
여름 하늘을 물어뜯던 번갯불로
어스름한 저녁을 재빠르게 볶아내요
요리는 시간의 미학이죠
혀끝을 맹신하는 식객들의 취향은 불안한 것이어서
오랜 기다림을 감당할 수 없죠
집중해야 해요
특별한 요리를 만들기 위해서는
풍경 뒤에 숨겨진 작은 정적을 우려내야 해요
네온 불빛이나 자동차 경적 같은

화학조미료는 건강에 좋지 않아요
쓸데없는 수사는 재료의 맛을 떨어뜨리고
사유가 덜 된 양념으로는
미각이 퀭해진 사내들을 달랠 수 없죠
제아무리 맛있는 요리라 해도 마무리가 중요해요
초봄 돋아난 새싹들로 향을 돋우고
낙엽 위에 떨어지는 빗소리로 고명을 얹어
장미 한 송이 돋아난 흰 접시 위에
파닥거리는 시 한 편 올려놓는 거죠

판테온*

지금 막 초록을 틔우는
어두운 밀밭 건너
저수지 옆 축사에
금빛 소들이 바닥에 웅크려 있다
동서남북 파이프 기둥이 쳐 있고
피라미드 모양의 지붕이 세워졌다
바람에 펄럭이는 천막 속에서
월식을 반복하는 커다란 눈들이
신전 밖을 내다본다
개화한 목련나무를 본다
캄캄한 밤하늘에서
목련 꽃잎들이 하나 둘
태초의 몸을 버리고 있다
소들이 여물통 속에 머리를 내리고
전설과 신화로 버무린 사료를 되새김질한다
부드러운 육질의 말씀이
알전구로 빛나고
뿔을 버리고 살을 부풀리는

경건한 노랫소리 들려온다
무지와 사랑을 기둥 세운 신전에는
말없는 신들이
밤을 환히 밝히고 있다

---

*판테온: 모든 신을 위한 신전.

비포장도로

바퀴 자국 나 있다

화내면서 짜증 내면서 갈팡질팡하면서 잘못 들어선 길을 빠져나오려 안간힘 쓰면서 차를 밀면서 킁킁거리면서 온몸에 흙 튀면서 차에 대고 발길질하면서 아픈 발을 잡고 빙빙 돌면서 주저앉아 발 주무르면서 범벅된 진흙을 털면서 벌컥벌컥 물 들이키면서 오줌 갈기면서 이게 뭐냐면서 하필 왜 이런 길로 왔냐면서

진흙은 들어온 바퀴를 놓치지 않으려 상처를 견디면서 파헤쳐지면서 이를 사리물면서 바퀴 자국 위로 바퀴 자국을 만들면서 죽어도 놓지 않겠다는 일념으로 엉망이 되면서 소리치면서 이리저리 날뛰면서 결국 빠져나가는 바퀴 뒤통수에 대고 육두문자 날리면서

비포장도로 위에 바퀴 자국 나 있다
그 위에 빗물 고여 있다
얼굴 비치면서

잠의 속도

   달리던 버스가 멈추는 순간 잠도 멈췄다 브레이크 걸린 잠이 앞으로 쏠렸고 어리둥절한 눈알이 튀어나왔다 입술을 이탈한 난폭한 말들이 바닥에 흥건했고 평생 마신 술이 입 밖으로 쏟아졌다 일정하게 흐르던 속도에 파문이 일자 매끄러운 시간이 울퉁불퉁해졌다 예리한 경적이 몸을 베고 지나갔다 잠이 부러지고, 속도의 무릎이 꺾이고, 돌아가던 풍경이 거칠어졌다 동강 난 틈새에 끼여 있던 분절된 속도가 정체를 드러내고, 태양이 잠의 조각을 핥고 있었다 혀에 돋아난 미세한 돌기가 예민해지고 덜덜거리는 몸속으로 새 지저귀는 소리가 쳐들어왔다

   멈췄던 버스가 달리는 순간 등을 빠져나갔다 되돌아온 잠이 달리기 시작했다 일정한 속도는 잠의 속도, 퇴폐한 시간의 속도, 느낄 수 있는 속도는 망가진 속도, 혼돈의 속도, 버스가 커브를 돌자, 시간의 테두리를 빠져나가지 못한 몸이 조금 기울어졌다

낮, 숲

낮이었고, 깜깜했네
부라린 눈들 사이로, 걷고 있었지
길은 가도 가도 끝없고
아무것도 구별할 수 없는 발아래서
하반신 마비된 낙엽들 목소리가 들려왔네
발자국에 놀란 수만 개의 어둠이
후두두 날개를 꺾고 추락하고 있었지
무섭진 않았네
돌부리에 걸려 휘청거렸지만
넘어지고 싶었지
어둠과 어둠 사이의 통로는 너무 멀고, 깊고
그 속으로 한참을 걸어갔네
끝없이 가다 보면 숲의 뿌리에 도달할 거라 생각했네
나뭇가지 사이로 보이는 하늘은
밝고 찬란했지만
상대를 잃은 거짓말처럼 심심했네
울고 싶지 않았지, 발바닥이 떨리고,
망설이다가

길을 잃고, 걷고 있었지
별이 빛나지 않았네
시계 소리 째각째각 들려오지 않았네
자물통이 채워진 길의 갈피마다
팔다리 잘린 나무들뿐이었네
열 수 없는 저 세계가
어둡고 두근거렸네

k의 공식

새벽 여섯 시에서 밤 열 시까지의 거리를 구하다 보면
폭우에 갇힌 외딴섬을 알게 되지
공복에 들이켠 컵라면이 부글거리는
이방의 거리를 만나게 되지
불가해한 기호로 치지직
검은 여백을 써 내려가는 가로등
전주식당 서울세탁소 삼신부동산
잔치떡집 간판의 잔치 자가
깜빡깜빡 홀로 수명을 재는 건물의
삼층 옥탑이 그의 작은 섬
뺄 것을 잘못 더한 통장 잔고로
불멸의 허기를 건너온 건
그의 난해한 행운이랄 수 있지
자신의 최후진술로
유서 위에 새겨 넣은 거친 숨소리를
선풍기만이 꺽꺽대며 밤새워 읽었겠지
최초의 조문객으로 찾아온
파리 떼와 다족의 벌레들이

시퍼렇게 부어오른 몸을 위로했을 거야
모든 질문을 끝내고
더 이상의 의문이 남지 않은 섬에서
그는 뜬눈으로 몇 주를 기다렸을 테지
눈알을 분해하는 빗줄기 사이로
별빛을 불러 모으는 찌르레기 소리를
파도가 섬의 뿌리를 흔들어 깨우는
그의 공식으로는 풀 수 없던
가족의 식탁을

관계자 외 출입금지

시선을 베고 지나가는 날카로운 사선
빗면을 따라 흘러내리는
전등의 붉은 눈알이 밀폐된 내부를 지키고 있었지
안으로 들어가는 암구호 같은 건 찾을 수 없었어

관계자는 누구인가

나도 한때 어느 곳의 관계자인 적 있었지

그곳은 늘 어디선가 배달되어온
먹어도 허기진 끼니들이 쌓여만 갔지
채 깨어나지 못한 축축한 잠들이
침상 위에 남아 몸을 뒤척였지
벽지 위 새들의 금 간 날갯짓 사이로
다족의 벌레들이 꿈틀거리고
스피커가 내뱉는 검은 사이렌이
공기를 움켜쥐고 있었지

육중한 철문
냉랭한 금속성의 관념이
내부와 외부의 시간을 막아선 결계의 문장을 비틀면
소화불량의 나날들이
창자를 비틀며 끼익 문이 열리고
안으로부터 밀려 나오는 어둠 속에서
괴괴한 눈을 가진 소문들이 날아올랐지

나는 그곳에서 관계자를 만날 수 없었지

들녘

창밖 들녘에 길 하나 있네
그 길 따라 한 사내 걸어가네

들녘 끄트머리 언덕을 넘어
그 사내 비워져 가네

길이 어디로 가닿는지
나는 알지 못하네

사내의 등판 같은 들녘
어두워지네

개망초 피었다
망설임 없이 떨어지네

오늘의 하늘이
어제의 하늘이 되네

제4부

풀 뿔

당신, 풀의 눈을 본 적 있나
부드럽고 깊은 뿔, 넓고 얇은 뿔,
손끝으로 건드리면 숨어버리는
달팽이 뿔, 개뿔,
뿔은 무슨 뿔, 도깨비 허풍 같은 뿔,
겨울밤 아랫목에 묻어놓은 고봉밥 아버지 뿔,
안에서만 세우고 섬기는 뿔,
뿔은 뿔뿔이 흩어지는 뿔,
아무 데서나 자라기 좋아 망하기 좋아
그 뿔이 뒤덮은 밥상에서 또 뿔이 자라고
미안 미안 미안으로부터 비켜서니 거대한 뿔이 보이네
당신, 뿔의 눈을 본 적 있나
풀 눈에 든 뿔을 본 적 있나 비 온 뒤 여름밤 풀밭에 들면
달빛 아래 풀들이 머리를 치켜들고
흔들린다 사각사각 뿔 벼리는 소리
풀밭을 겨우 건너왔다
뿔들이 긋고 지나간 무수한 금을 털어내자
종아리 끝에 발굽이 드러났다

완성되지 못한 시

축사가 보이는 저수지 뚝방에 앉아 담배 피웠다
제비꽃 민들레꽃 함부로 제방을 넘어서고
수면에 손을 담근 버드나무 머릿결을
바람이 쓰다듬어주었다
우리는 완성하지 못했거나
완성할 수 없는 시에 대해 얘기했다
메타세쿼이아 어린 나무들이
팔려나갈 날을 기다리며
황토 위로 한철 그늘을 부풀리고 있었다
가끔씩 들려오는 영각 소리를 들으며
사랑의 완성은 이별일 거라 생각했다

카페에 제비꽃처럼 민들레꽃처럼 마주 앉아 커필 마셨다
아직 가장 아름다운 하늘을 본 적 없어서
노을 보는 걸 좋아했다
구름이 낮아진 날들을 예비하지 못한 채
저수지 표면에 떨어진 태양의 깃털들을 사랑했다
이별은 슬픈 거지만

어떤 표정을 지어야 할지 몰라
마주 보며 웃었다

다시 찾은 저수지 뚝방에 앉아 담밸 피웠다
돌 몇 개를 저수지에 던졌다
소 울음 같은 긴 파문은
이승에선 본 적 없는 무늬 같았다

잠들었으나 꿈이 오지 않았다

애월, 눈 내리는

눈 속으로 걸어간다
푹푹 발목이 사라진다
밤의 모자 속에서
날아오르는 나비가 심장으로 변한다
눈 속에서 물이 자란다
너의 눈 속에 내 눈이 범람한다

눈은 먼 곳으로부터 오고
깊은 수심으로부터 오고
투명한 수평으로부터 오고

눈을 빈틈없이 채운 바람이 머리칼을 날린다
잊었던 발자국이 길을 잃는다
애월, 눈 내리는 바다에서
연필 한 자루와 엽서를 산다

먼눈은 따뜻하다
눈은 가로등 노란 눈 밑에만 온다

나는 그곳에서 차갑다

너의 눈 속으로 내 눈이 잠긴다

아직 오지 않은 당신

당신이 오기 전, 나는
아직 오지 않은 당신을 만나고 있습니다
아직 오지 않은 당신은
말이 없고
눈이 먼 데 있고
손톱을 깨물며 사방을 두리번거립니다
잎 하나만을 벌려놓은 백목련 꽃잎 위로
나비 한 마리 선회하는 오후
내가 만나고 있는 당신은
나와 함께 무작정 당신을 기다립니다
이오니아 카페 아메리카노는
뮬레토 소년의 푸른 눈동자처럼 끝이 없고
오랜 대륙을 건너온 수세기의 바람이
식어가는 커피 위에 두근거립니다
당신이 문을 열고 들어오자
싱싱한 종의 음표들이 소란해지고
아직 오지 않은 당신은 좁은 어깨를 일으켜
당신이 들어온 문 밖으로 사라집니다

당신이 들어와 앉은 의자에는
조금 전 아직 오지 않은 당신이 앉아 있었고
당신의 밝은 얼굴 뒤에는
가버린 당신의 표정이 투명합니다
당신을 만나는 사이 나는
뜯겨나간 손톱과
짓무른 손가락을 만지작거리던
아직 오지 않은 당신을 떠올립니다

툭툭

빗방울이 어깨를 등을 엉덩이를
툭툭 두드린다
냇물에 두 발을 담갔을 때
주둥이로 물고기가
툭툭 건드렸던 것처럼

쏟아지는 빗방울이 비늘로 돋아났지만
알고 있는 유일한 말이라는 듯
단 하나의 인사라는 듯

술집 탁자 밑에서 신발 두 켤레가 서로를 툭툭

땀 흘리던 이마를 툭툭 만져준 바람이 생각나고
커다란 졸참나무 아래
개미들이 죽은 새를 옮길 때
막대기로 긴 행렬을 훼방 놓던 유년의 등 뒤에서
밥 먹고 놀아라
할아버지가 어깨를 툭툭

뒤뜰 마당에 툭툭 소리를 버리며
햇살 갈피로 스며든 도토리들의 정적을 모아
도마 위에서 툭툭 묵을 썰던
장에 다녀온 아버지가 끊어 온 소고기 두 근
둘둘 말린 신문지째 마루에 놓으며
잠바에 묻어온 바람을 툭툭

무심코 건넸던 툭툭이 오해가 되어
눈물을 남긴 채 너는 떠나고
그 무수한 툭툭은 어디에서 번창하고 있을까

오늘밤도 비가 젖은 내 어깨를 툭툭 두드린다
방충망에 머리를 들이민 나무가 툭툭 비를 듣고
빗속에 숨어든 풀벌레 소리가
맨드라미 귓불을 툭툭

오줌을 누는 동안

그녀와 막차를 기다렸네
오줌이 마려웠네

세상의 화장실은 죄다
닫혔거나 공사 중이었네

내가 그녀를 사랑하는 건
오줌이 마려운 것만큼 분명한 거였네

오줌을 누고 오니
그녀가 가고 없었네

그날의 태양은 눈부셨네
방아쇠를 당기자
관자놀이에서 오줌이 솟구쳤네

돌아오는 택시는 슬펐네
음악은 덜컹거렸네

오줌을 누는 동안
사랑을 잃었네

내 사랑은 실패한 혁명 같으네

그 후로 오랫동안

예상은 늘 예상을 배반하고
예상 밖의 일이 되기 일쑤고
가령 옆자리에서 술 마시던
팔뚝이 터질 듯한 사내가
느닷없이 펑펑 울 줄 상상이나 했겠니
밖에선 또 비가 쏟아지고 바람이 부네
나는 세차를 하지 않았지만
그걸 짐작이나 했겠어
걸핏하면 너를 알 수 없다고 우는 너를 보면
너를 되짚어보는 나의 버릇이 도지고
예상을 뛰어넘는 일 같은 건 드물 테지만
나의 예상이 골목길에 술 취한
발자국마냥 현실이 될 때가 있지
홧김에 뱉어버린 말이 진짜가 될 때처럼

걱정하지 마
나는 너의 거짓말을 믿으니까
눈치챘구나

너의 거짓말이 통한다는 걸
너의 거짓말이 통하는 저녁처럼
이제 우리 헤어져야 할 시간
어둠이 거리에 담기고
진부한 이별의 답습처럼
밖에는 그쳤던 비가 쏟아지고 바람이 부네
오랫동안 그럴 거야
잘 가

공부 안 하기

내가 그를 가르치는 육 년 동안
그는 나를 탕진시켰다

내가 그를 가르치는 긴 시간 동안
그는 꿋꿋하게 공부하지 않았고
나는 무수한 단어와 영문법을
그의 머릿속에 구겨 넣었다
일용직 노동자나 중국집 배달원 노숙자와 같은
협박에도 그는 결연히 공부하지 않았고
그러니까 나는 그에게 그 무엇도 가르친 게 없는 셈이다
내가 그를 가르치는 육 년 동안
그 무엇도 가르치지 못한 것은
공부가 인생의 전부는 아니라든지
행복은 성적순이 아니라는 그런
진부한 이유만은 아니었다
그의 엄마는 일본에서
한 달에 한 번씩 수업료를 송금했고
그는 외할머니와 살았다

학교 선도위원회가 열리던 날도
파출소에 가 있던 날도
그의 손을 잡고 나와 순댓국을 먹었고 나는 소주를 마셨다
초식동물의 눈을 닮은 그는
뿔을 들어 한 번도 나를 들이받지 않았다
그는 고등학교를 졸업하고 일본에 간다고 했고
다시 그를 보지 못했다

내가 그를 가르치는 긴 세월 동안
나는 그를 탕진시켰다

봄밤

지나가던 개가 멈춰 서서
앞발 하나를 들고 뒤돌아보는
저녁이 있고

며칠 동안 갖고 있던 호두를 잃어버린 아침에는
손에 금이 가고

바람도 없는데
혼자서 흔들리는 나뭇잎
꺾인 가지 끝에 매달린 등 시린 골목들

너를 만나던 곳에서 너를 기다려도
오지 않는 그림자 위에
그림자만 쌓일 테지만

오늘은 술을 마시고
내일은 음악을 들을 테지만

스위치처럼

물 위로 쌓여가는

눈 내리는 봄밤이 켜질 테지만

모르는 사람

길을 가다가 낯선 사람을 만났다
그는 어디선가 본 듯한 모르는 사람이었지만
마치 나를 잘 아는 사람처럼 손을 내밀었고
나는 얼떨결에 악수하며 미소 지었다
손을 타고 그의 체온이 내게 왔다
우리는 서로의 과거에 대해
다정하게 안부를 나누었고
죽은 아버지와 어머니를 얘기했다

그가 나를 알게 된 건
내가 알 수 없는 아주 오래전
무릎에 머리를 묻고
울고 있던 손을 잡아 일으켜준 사람이었거나
만취한 골목에서 등을 토닥이던 손길이었거나
그 후 우리는 공손히 잊혀갔고

내가 그를 모르게 된 건
그가 기억할 수 없는 아주 오래전

어딘가 묻어놓은 뼈를 찾아
땅을 파헤치는 개처럼
서로를 찾아 헤맸다

길을 가다가 그를 만났다
꼬부라진 등허리와 어두운 술 냄새가 혀를 말아 올리는
아득히도 먼 그가
내게 말을 내밀었다

나도 모르는 나여 잘 지냈는가
이 밤에 너무 많은 속수무책이여 제법 잘 버텼는가

그는 그의 등과 멀어져갔고
나는 나의 등과 멀어져갔다

풀 뿔 2

그들이 먹은 풀 전부가
뿔이 되지는 않는다

더러는 똥이 되고 더러는
몸을 떠받치는 발굽이 되고
벌렁거리는 흰 콧김이 되고
동그랗고 커다란 눈이 된다

그들이 곤두세운 뿔 전부가
풀로 된 건 아니다

쟁기를 끌다
완강히 버티던 풀의 고집으로
겁에 질린 흰자위 속 눈동자로
죽어가는 새끼를 맴돌다
돌아서는 울음의 근육들과
멍에를 당기는 밤과
캄캄한 되새김질이

뿔이 된다

풀 앞에 공손히 고개 숙여 절하는 뿔

누가 들판에 불을 놓았나
메마른 풀들 위로 번져가는
큰 뿔

신용카드

돈이 없는데 돈을 쓸 수 있는 건
참 살맛나는 일이지
살맛에 혼곤해진 그가
흑장미 카페 정마담을 후렸다는 소문이
십이 층 임대아파트 귓속을 샅샅이 돌아
밤거리에 지분 냄새를 뿌리던 날
사내들 퉤퉤 뱉어놓은 가래침과 담배꽁초가
술집 바닥에 지글거렸지
핸드백을 선물하고
양주를 꼴깍이며
흰색 중절모를 쓴 그가
아스팔트 바닥에 두부처럼 부서져 뭉개졌을 때
과학수사 흰 장갑들이 몰려와
사방으로 접근금지 테이프를 둘렀고
거품처럼 터지는 카메라 플래시에
아파트 주민들 눈동자가
송사리 떼처럼 몰려다녔지
신용 잔고가 바닥나고

신용 난민이 되어
방에서 거실로 거실에서 베란다로 배회하다가
카드 긋듯 손목을 긋고
십이 층에서 바닥으로 망명은
굳이 과학수사를 필요로 하지 않았지
살맛 보며 살았으니
죽을 맛은 어땠을까
주변에 흩어진 십여 장의 플라스틱들이
고장 난 날개 부품처럼 꺾여 있었지

돈 벌 러 가

어디 가냐고?
돈 벌 러 가
한 생애를 담보로 대출받은 시간이 얼마 남지 않았어
빈둥거릴 시간이 없어
대가를 치루지 않고는 일수를 채울 수 없어
세상이 좋아져 백 살까지 산다는 말이 무서워
덤으로 얻은 시간은 감당할 수 없는 이자 같은 거야
지나친 흡연이 수명을 줄여준다는 말이 매력적이야
고통의 우생학 같은 거야
임계점을 넘어선 나무에는 바람이 불지 않아
시간에 몸이 데인 낙엽들이 화기를 말리는
비 내리는 건널목에 서 있어

깜박이는 황색 신호등이 뻐끔거리는 붕어 주둥아리 같아
건너야 할지 멈춰야 할지 발가락이 꼼지락거려
무뎌진 감각으로는 돈을 벌 수 없어

꿈속에서 뛰어내리는 연습을 해

중력을 벗어나는 데는 요령이 필요해

퇴화된 빗장뼈를 밖으로 꺼내 펼쳐야 해

불필요한 팔과 다리는 잘라버리는 게 좋아

어떤 설명서에도 마음을 뺏기는 것은 위험한 일이야

몽롱한 아침이야

어디 가냐고?

돈 벌 러 가

빗소리

깊은 밤인데 비가 내리네
허적허적 시계 위를
한 사내 걸어가네
전봇대 밑 낮은 담장
몸 세운 리어카 하나
잠에 취해 비를 맞네

깊은 밤인데 비가 내리네
또각또각 시계 위를
하이힐 걸어가네
불 꺼진 창문 기침 소리
마노색 고양이
처마 밑에 웅크려 있네

비가 내리네 추운 벌판
가지 잘린 나무 하나
원형의 시계 위를
쉬지 않고 걸어가네

해설

깨진 거울 속의 숭고함을 찾아서

우대식(시인)

　이 세계는 진실인가 거짓인가. 어쩌면 신을 통해 세상을 비추어보던 시대의 인간들은 타율적일망정 더 행복했을 수도 있겠다는 생각을 서상민의 시집 『검은 모자에서 꺼낸 흰 나비처럼』을 읽으면서 하게 되었다. 그의 시집이 인간과 신에 대해 이야기한다는 의미에서가 아니라, 보이는 것과 보이지 않는 것, 이곳과 저곳 사이의 경계를 떠돌며 깨진 거울을 들고 단 하나의 거짓말이야말로 진실이라는 주문을 외는 시적 주체의 모습을 하고 있기 때문이다. 이 시집의 주요 재제이기도 한 마술사에 대한 시적 형상화는 근대의 합리적 주체에 대한 회의를 떠올리게 한다. 칸트로 하여금 무한한 감탄을 자아내게 했던 '하늘에 반짝이는 별과 마음속의 도덕률'이라는 완벽

한 세계는 이미 상실된 상태이다. 결국 근대적 인간들이 상정해 놓은 절대적 진리의 세계란 허구에 불과하다는 인식은 인간들로 하여금 또 다른 세계를 탐구하게 한다. 이랬을 때 예술적 탐구는 크게 두 방향으로 나가게 된다. 그 하나가 근대적 동일성의 세계로부터 탈주하는 아방가르드 예술론이며, 다른 하나는 여기 너머의 본질적인 세계에 대한 탐구라 할 수 있다. 그런 의미에서 서상민의 시를 읽는 일은 잃어버린 낙원을 찾아가는 여정이라 할 수 있겠다. 거짓말과 참말은 진실로 거짓말과 참말인가 하는 물음에 동참하는 일인 것이다.

『검은 모자에서 꺼낸 흰 나비처럼』에는 언어 혹은 말과 관련된 여러 편의 시들이 있다. 세계를 이해하는 가장 일반적인 방식이 언어라는 사실은 자명하다. 그러나 언어야말로 구조된 세계를 강제하는 가장 강력한 도구라는 사실 역시도 분명하다. 세계에 대한 앎의 근원이 언어로부터 시작되는 까닭이다.

> 새가 식탁 위에 앉아 있다
> 다문 부리에서 파란(波瀾)이 흐르는
> 쭈글쭈글해지고 거뭇한 새가
> 있었다는 색을 지우면
> 공중이 된다

식탁 위에 사과가 놓여 있다

어두운 뿌리를 격발시켜 하늘이 되는 나무와 숲

바람을 피력(披瀝)하는 새가 날아와

사과를 쪼아 먹는다

목질의 무늬가 굽이쳐 솟는

반질반질한 표면 위로

수만 세기의 별들이 돋아 사라지는 식탁

사막의 모래는 바다로 변하고

식탁 위에서 사과가 날개를 편다

사과 위에 식탁이 놓여 있다

식탁이 사과를 으깨지 않는 것은

깊은 수심 때문

어디선가 망각의 지느러미를 펼쳐

새가 날아오기 때문

식탁이 사과의 문을 연다

사과가 새를 몸 안으로 품는다

사과 속 씨방에 까만 부리들이 눈 뜨고

식탁이 사과나무로 자란다

새가 주렁주렁 달린다

　　　　　　　　　　　—「사과와 식탁」 전문

이 시는 의미망을 따라갈 필요가 없다. 메시지를 이해할 수 있는 인과는 어디에서도 발견되지 않기 때문이다. 시의 이해를 위해 연 구분에 따라 시를 정리해보면 다음과 같다. 1연에서 식탁에 앉은 새의 부리에서는 물결이 치고 새는 공중이 된다. 2연에서는 식탁에 사과가 놓여 있다. 바람을 자처하는 새가 날아와 사과를 쪼아 먹는다. 식탁의 표면 위로 별들이 돌았다가 사라지고 식탁 위의 사과는 날개를 편다. 1연과 2연의 정확한 의미 파악은 물론 힘들다. 다만 식탁 위에 새가 있고 사과가 놓여 있다는 전제 자체는 현실적으로 수긍할 만한 일이다. 적어도 시가 가시적인 세계에서 출발했다는 것을 알 수 있다. 그러나 3연에 오면 상황은 또 다르다. 사과 위에 식탁이 놓여 있는 역전의 상황이 발생한다. 식탁이 사과를 으깨지 않는 것은 수심 때문이며 새가 날아오기 때문이다. 수심이 식탁의 수심인지 사과의 수심인지 알 길이 없다. 설령 안다고 해도 의미의 구성과 관련이 없다. 그 무엇이어도 현실적인 의미맥락으로부터는 멀어져 있기 때문이다. 4연에서는 식탁이 사과의 문을 열고 사과가 새를 품는다. 식탁이 사과나무로 자라고 새가 주렁주렁 달린다. 3연과 4연은 1, 2연에 비해 상상력의 비약이 더 강화되어 있다. 그 이유는 기호 때문이다. 소쉬르는 기호는 기표와 기의로 결합되어 있으며 그 관계는 자의적이고 비고정적이라고 했다. 3, 4연의 비약은 일반적 기표와 기의 관계를 무시한 데서 비롯된다. 기표에 대해 기의는 흘러가다가 어느 지점에서 고정점이 생긴다. 이것은 주체나 의미가 생성된다는 의미이다. 또한 기표와 기의는 다양하게 결합되고 심지어 고정점에 대해서도 다르게 해석하기도 한다. 문제는 언어로 표현되지 않은 언어의 바깥에 대해서는 사유할 수 없다는 점이다. 약속된 기표와 기의의 자의적 관계를 무시함으로써 "사과가 식탁 위에 놓여 있"을 수 있으며, "식탁이 사과의 문을" 열 수 있게 되고 "식탁이 사과나무로 자"랄 수 있게 된다. 이러한 인식은 기표에 고정된 기의를 거부하는 끝없는 가역적 관계의 설정이라는 점에서 차이의 놀이이며 기표의 놀이라고 할 수 있다. 다른 차원에서 본다면 벤야민이 말한 아담의 언어에 대한 지향이라고도 볼 수 있다. 타락 이전의 언어로서 아담의 언어에 대한 지향은 사물의 본질에 대한 탐구라 할 수 있다. 은유체계에 갇혀버린 언어의 감옥으로부터 사물을 꺼내고 싶은 욕망이 자리하고 있는 것이다.

> 애초에 배는 먹는 것이 아닐지도 모른다
> 공처럼 높이 던졌다 받았다 반복해 본다
> 올라타 본다
> 공중으로 솟구쳤다 떨어져 껍질이 찢어지고
> 틈새로 보이는 속살
> 올라타는 건 위험한 일이군

배는 공도 배도 아닐지도 모른다
먼별에서 추방당한 우주일까

배를 던져 봐도 타 봐도
배는 배 안에 없는 듯하고

배 밖으로 나간다
　　　　　　　　—「배에 대한 몇 가지 오해」 부분

 "애초에 배는 먹는 것이 아닐지도 모른다"는 것은 사물과 언어의 관계성에 대한 회의라 할 수 있다. 배에 올라탄다는 행위는 우리말의 동음이의어의 특성을 반영한 것이기도 하면서도 동시에 언어의 타락 이전의 사물성에 대한 욕망이기도 한 것이다. "공중으로 솟구쳤다 떨어져 껍질이 찢겨지고/틈새로 보이는 속살/올라타는 건 위험한 일이군"이라는 독백은 의미심장하다. "틈새로 보이는 속살"은 언뜻언뜻 감지되는 사물의 본질적 속성이기도 한 까닭이다. 그것이 위험한 것은 일상의 구조로부터의 탈피이며 동시에 바깥의 사유이기 때문이다. 배라는 기표의 반복은 기호의 보편적 인식에 의문을 던져주고 있다. 이러한 인식이 확장되었을 때 결정된 것처럼 보이는 세계에 대해 정말 그러한가를 묻게 되는 것이다. 언어와 사물에 대한 본질적인 사유는 인간과 세계에 대한 근원적 물음을 동반하기 때문이다.

>길고 흰 손
>그 손가락으로 검은 모자에서 꺼낸 흰 나비처럼
>암막의 무대 위를 날아다니다
>한순간 흔적 없이 사라지는 나비처럼
>잘못 든 길에서 마주친
>우연한 나비처럼
>
>비상에는 이유가 없고
>심장에는 향방이 없네
>
>양들의 입술 위에 얹힌 나비처럼
>믿고 싶은 거짓말처럼
>검은 심장에 피가 도네
>가면을 쓴 마술사의 눈을 피할 수 없네
>
>눈이 내리네
>눈썹 위에 내려앉은 나비가
>주르륵 눈물로 흩어지네

단 하나의 주문을 완성하기 위해

자신을 버린 마술사처럼

거짓말을 믿기 위해

날개를 다친 나비처럼

공연이 끝나고

마술사가 떠나네

흰 박수 소리 등 뒤에 파닥이네

죽은 나비들이 테이블 위에 쌓이네

　　—「검은 모자에서 꺼낸 흰 나비처럼」 전문

　시집의 표제이기도 한 이 시는 언어와 사물의 관계와 같은 층위에서 현실과 환상의 세계를 탐구한다. 마술사에 의해 나타나 암막을 날아다니다 사라지는 나비를 화자는 "잘못 든 길에서 마주친/우연한 나비" 같다고 진술하고 있다. 우연성은 필연적 이유를 설명할 필요가 없다. "비상에는 이유가 없고/심장에는 향방이 없"다는 확고한 시적 진술도 나비의 입장에서는 우연성에서 비롯된 세계이기 때문이다. "믿고 싶은 거짓말"이란 추론컨대 마술사에 의해 결정된 우연의 세계이다. 마술사가 꺼낸 나비는 자율성을 가질 수 없는 일이지만 "양들의 입술 위에 얹힌 나비"와 같은 아름다움으로 가장된 사물에게 생명력을 부여한다는 것은 현실에 대한 긍정을 의미하는 일이기도 하다. 이미 구조된 세계에 대해 받아들일 수밖에 없는 것이 일반적인 인간의 운명이다. 그러한 점에서 검은 모자에서 흰 나비를 꺼내는 "가면을 쓴 마술사"의 존재는 신의 위치에 있게 된다. 그러나 가상의 세계에 존재하는 나비는 눈이 내리면 "주르륵 눈물로 흩어지"게 된다. 어쩌면 마술의 세계가 우리가 살고 있는 현실이며 우리 자신은 나비의 운명처럼 눈물로 흩어져 버릴지도 모를 일이다. "거짓말을 믿기 위해/날개를 다친 나비"란 마술의 세계를 현실로 긍정하고 받아들이는 실존들을 연상케 한다. 공연이 끝나면 테이블 위에서 죽어가는 나비는 불안한 실존의 표상이라 할 수 있다. 장자가 나비의 꿈에서 보여주었듯 현실과 꿈의 경계는 모호한 것이며 우리가 사실이라고 인지하는 세계 자체는 누군가에 의해 만들어진 허구일지도 모른다는 회의가 이 시에는 녹아 있다. 「마술사의 탄생」에서는 마술사는 세계로부터 누락된 형식의 탄생을 보여준다.

사람은 자기 이름을 갖고 태어난대. 맨 처음 세상에 올 때 울음소리가 자기 이름을 부르는 거래. 백화점이나 아울렛 선반에 웅크린 검은 모자들처럼 울음 속에는 바코드가 찍혀 있다. 바코드에는 푸른 녹이 핀 옛 지도들과 살아가야 할 날들의 온갖 예언들이 촘촘히 새겨져 있대. 부모가 울음소리를 듣고 어떤 신비한 힘에 이끌려 이름을 짓게 되는 거래.

유난히 울음소리가 작아 그게 혼잣말인지 휘파람인지 혹은 거짓을 진실로 바꾸는 세상 밖의 말들인지 구별이 안 가는 경우가 있대. 제아무리 쫑긋 귀를 세워도 요지부동의 어둠일 뿐, 이름은 들리지 않고, 그만 당황한 나머지 탯줄 자르는 것도 잊어버린 채 잘못된 이름을 붙이게 된대. 그런 아이가 자라서 마술사가 되는 거래.

마술사의 주문은 어긋난 운명을 되돌리기 위한 슬픈 노래래. 검은 모자에서 흰 토끼를 꺼내거나, 손수건에서 붉은 장미를 피워내는 건 거짓으로 얼룩진 저주를 풀기 위한 몸부림 같은 거래. 그런데 사람들은 마술사의 주문을 거짓이라 믿는대. 거짓과 진실의 경계에서, 단 하나의 거짓말을 완성하기 위해 마술사는 일생을 바치게 되는 거래.
―「마술사의 탄생」부분

사람은 태어나면서 울음소리로 자신의 이름을 부르고 부모는 그 울음을 듣고 이름을 짓게 된다는 설정은 앞서 말한 벤야민의 아담의 언어를 떠올리게 한다. 사물과 완벽하게 일치하는 언어적 명명이란 인간의 타락 이전에나 가능한 일이며 예술이란 그것의 회복을 욕망하는 작업이다. 울음소리가 작아 그에 맞는 언어적 명명을 혼동하였을 때 그 아이는 마술사가 된다는 신화적 이야기를 이 시는 들려준다. 마술사의 주문이란 "어긋난 운명을 되돌리기 위한 슬픈 노래"라는 진술은 마술사라는 존재자가 존재를 획득해가는 힘겨운 과정이라 할 수 있다. 마술사의 마술과 주문은 "거짓으로 얼룩진 저주를 풀기 위한 몸부림"이지만 사람들은 "마술사의 주문을 거짓이라고 믿"고 있다. 거짓을 풀기 위한 몸부림을 거짓으로 보는 배리적 관계는 영원한 것이다. 그것은 태생적으로 운명적이기 때문이다. 마술사를 하나의 알레고리로 보면 시인의 퍼소나로 읽을 수도 있다. "거짓과 진실의 경계에서, 단 하나의 거짓말을 완성하기 위해" 일생을 거는 마술사는 시인의 형상을 하고 있기 때문이다. 단 시적 주체가 완성하고 싶은 하나의 거짓말이란 일상의 말이라기보다는 근원적 호명 혹은 명명으로서의 말이라 할 수 있다. 시인은 누구도 보지 못한 시원의 말을 하고자 하지만 다른 이들은 말도 안 되는 거짓말이라고 손가락질을 할지도 모를 일이다. 그럼에도 불구하고 마술에 일생을 바치는 마술사처럼 시인도 일생을 바쳐 말의 수레바퀴 속으로 들어가기를 자처하는 것이다. 이러한 시에 대한 메타적 작업은 직접적인 경우도 있으나 추상적 대상을 향한 육박을 형태로 드러나기도 한다.

    당신을 찾으러 길을 나섰다

돌아올 것을 염두에 두지 못해
길을 잃었다

허기처럼 빛나는 이팝나무 꽃잎과
옷소매에 묻어온 수크령들과
눈 덮인 벤치에 앉아
잠시 울었다

당신은 더 이상 할 말이 없다 했고
나는 꼭 한마디 할 말이 남았지만

늘 처음과 끝의 중간쯤에 나는 서 있었고
돌아와
그곳에 두고 온 신발을 생각했다
―「당신의 행방」 전문

 당신을 찾아가는 여정을 보여주는 이 시에서 당신은 연애의 형식이라기보다는 절대자의 형상을 하고 있다. 당신을 찾으러 나서는 길에서 돌아올 것을 염두에 두지 않는다는 낭만적 진술은 당신에 대한 뚜렷한 지향을 의미하는 것이다. "이팝나무 꽃잎", "수크령", "눈 덮인 벤치" 등은 당신에 대한 지향을 사물 혹은 심리로 환원시킨 대리물이 된다. 구체성을 통한

정서의 울림은 당신을 시로 바꾸어 읽게 만든다. "늘 처음과 끝의 중간쯤에 나는 서 있었"다는 고백은 지난한 시의 여정이며 "두고 온 신발"이란 당신 혹은 시와 시적 주체 사이의 관계성으로서의 끈의 역할을 하고 있다. "당신이 문을 열고 들어오자/싱싱한 종의 음표들이 소란해지고/아직 오지 않은 당신은 좁은 어깨를 일으켜/당신이 들어온 문 밖으로 사라집니다"(「아직 오지 않은 당신」)라는 시는 「당신이 행방」보다는 구체적으로 당신의 행위를 그리고 있다. 당신이 들어올 때 아직 오지 않은 당신은 문 밖으로 나간다는 모순된 진술은 시 쓰기에 대한 일련의 과정으로 이해해도 별 무리가 없을 듯 보인다. 시가 왔을 때 소란해지는 마음의 움직임과 오지 않은 시가 슬그머니 빠져나가는 형상은 여실히 시 창작에 대한 메타적 성격을 보여준다. 사물과 언어 그리고 시에 대한 진지한 탐구는 자연스럽게 자신의 실존적 탐구로 이어지고 있다.

> 비가 내린다
> 어둠이 내리고
> 한 아이가 한 사내로 걸어가는 동안
> 보이지 않는 곳에서 눈물이 자란다
> 바람이 분다
> 먼지가 인다
> 운동장은 깊어지는 것이군

공은 찰 때마다 골대를 빗겨간다

공을 찾으러 그가 걷는다

비가 내린다

어둠이 내리고

공을 잃어버린 그는 돌아오지 않는다

빈 운동장에 남은 골대가 중얼거린다

이런 풍경을 어떤 슬픔이라고 부르긴 어렵고

슬픔은 구체적으로 얼굴을 가진 적 없다

비가 내린다

어둠이 내리고

이제 곧 운동장에도 어떤 표정이 생긴다

—「운동장의 표정」전문

  이 시는 성장 서사이며 동시에 자화상이라 할 수 있다. "한 아이가 한 사내로 걸어가는 동안/보이지 않는 곳에서 눈물이 자란다"는 고백은 내적 성장 서사에 해당한다. "비", "어둠", "눈물"로 이어지는 쓸쓸함의 이미지는 서상민의 시적 기원이 내적 결핍에 있다는 것을 뜻하는 것이기도 하다. 이 내적 결핍이야말로 서상민의 시를 추동해온 한 축이다. 그가 걸어온 길은 "바람"과 "먼지"가 이는 길이었으며 "공을 찰 때마다 골대를 빗겨"갔다는 것은 세계와의 불화를 의미하는 것이라 할 수 있다. 그가 찬 공은 매번 골대를 빗겨갔으며 공을 찾으러 가는 길은 다시 "비"가 내리고 "어둠"이 깔린다. 잃어버린 공을 찾으러 갔다가 돌아오지 않는 그의 구체적 형상을 알 수 없으나 골대의 독백과 운동장에 생긴 어떤 표정을 통해 짐작해볼 수 있다. "슬픔은 구체적으로 얼굴을 가진 적이 없"기에 "슬픔이라고 부르긴 어렵"다는 골대의 고백은 슬픔에 가깝긴 하지만 슬픔 혹은 그와 관련된 언어의 바깥에 놓인 감정의 상태이다. 이 중의성이야말로 시적 주체의 감정 상태를 가장 적확하게 드러내는 방법론이다. 슬픔에 가까운 그러나 슬픔이라 말할 수 없는 상태가 시인의 시적 자의식을 표상하는 지점이라 할 수 있다. 슬픔이라 말할 수 없는 내적 감정은 세계에 대한 회의와 탐구의 결과물이기도 하다. 세계에 대한 일반적 인식을 넘어 명백하지 않은 것들에 대한 탐구는 시적 주체로 하여금 끝없이 흔들림의 자세를 요구하고, 그 자세로부터 다시 탐구하는 형식의 삶이란 어떤 뭉쳐진 형상으로 드러나게 된다. "내 안에 거울이 우글거려/거울 안의 거울은 비좁"(「깨진 거울」)다는 고백적 진술은 왜 그의 시가 정서적 표출이 아니라 탐구의 형식을 띠는지 명백히 보여준다.

　서상민의 시는 눈에 보이거나 말해지는 것 너머의 세계에 대해 이야기하고 싶어 한다. 규격화된 정서나 통약 가능한 세계 인식 너머에 사물과 말의 참된 세계가 있으리라는 그의 믿음은 앞으로도 그를 계속 흔들거리는 자세로 서 있게 할 것이다. "새는 울지 않는다/울지 않는 소리를 듣는다"(「새가 울다」)

는 내적 진격성은 모든 사물 안에는 진리가 있다는 숭고함을 떠올리게 한다.

시인동네 시인선 174

검은 모자에서 꺼낸 흰 나비처럼

ⓒ 서상민

초판 1쇄 인쇄	2022년 5월 6일
초판 1쇄 발행	2022년 5월 13일
지은이	서상민
펴낸이	김석봉
디자인	헤이존
펴낸곳	문학의전당
출판등록	제448-251002012000043호
주소	충북 단양군 적성면 도곡파랑로 178
전화	043-421-1977
전자우편	sbpoem@naver.com

ISBN 979-11-5896-550-1 03810

*이 책의 판권은 지은이와 문학의전당에 있습니다.
*양측의 서면 동의 없는 무단 전재 및 복제를 금합니다.
*잘못 만들어진 책은 바꿔드립니다.